ZOLA

Comment on se marie

Postface de
Joël Gayraud

Couverture et illustrations de
Marion Bataille

ÉDITIONS MILLE ET UNE NUITS

ZOLA
n° 144

Texte intégral

ISBN : 2-84205-116-5

Sommaire

ZOLA

Comment on se marie

Comment on se marie

Au XVIIᵉ siècle, l'amour, en France, est un seigneur empanaché, magnifiquement vêtu, qui s'avance dans les salons précédé d'une musique grave. Il obéit à un cérémonial très compliqué, ne risque point un pas sans qu'il soit réglé à l'avance. D'ailleurs, il reste parfaitement noble, d'une tendresse réfléchie, d'une joie honnête.

Au XVIIIᵉ siècle, l'amour est un garnement qui se débraille. Il aime comme il rit, pour le plaisir d'aimer et de rire, déjeunant d'une blonde, dînant d'une brune, traitant les femmes en bonnes déesses, dont les mains ouvertes distribuent le plaisir à tous leurs dévots. Une haleine de volupté passe sur la société entière, mène la ronde des bergères et des nymphes, des gorges décolletées frissonnantes sous les dentelles : époque adorable où la chair fut reine, grande jouissance dont le souffle lointain nous arrive tiède encore, avec l'odeur des chevelures dénouées.

Au XIXᵉ siècle, l'amour est un garçon rangé, correct comme un notaire, ayant des rentes sur l'État. Il va dans le monde ou vend quelque chose dans une boutique. La politique l'occupe, les affaires lui prennent sa journée de neuf heures du matin à six heures du soir. Quant à ses nuits, il les donne au vice pratique, à une maîtresse qu'il paie ou à une femme légitime qui le paie.

Ainsi donc, l'amour héroïque du XVIIᵉ siècle, l'amour sensuel du XVIIIᵉ, est devenu l'amour positif qu'on bâcle, comme un marché en Bourse.

J'entendais un industriel se plaindre dernièrement qu'on n'eût pas inventé encore une machine à faire les enfants. On fait bien des machines pour battre le blé, pour tisser la toile, pour remplacer les muscles humains par des rouages dans toutes les besognes. Le jour où une machine aimera pour eux, les grands travailleurs du siècle, ceux qui donnent chacune de leurs minutes à l'activité moderne, économiseront du temps, resteront plus âpres et plus virils dans la bataille de la vie. Depuis la formidable secousse de la Révolution, les hommes, en France, n'ont pas encore retrouvé le loisir de songer aux femmes. Sous Napoléon Iᵉʳ, le canon empêchait les amants de s'entendre. Pendant la Restauration et pendant la Monarchie de Juillet, un besoin furieux de fortune s'est emparé de la société. Enfin, le règne de Napoléon III n'a fait que grossir les appétits d'argent, sans même apporter un vice original, une débauche nouvelle. Et il y a une autre cause, la science, la vapeur, l'électricité, toutes les découvertes de ces cinquante dernières années. Il faut voir l'homme moderne avec ses occupations multiples, vivant au-dehors, dévoré par la nécessité de conserver sa fortune et de l'accroître, l'intelligence prise par des problèmes toujours renaissants, la chair endormie par la fatigue de sa bataille quotidienne, devenu lui-même un pur engrenage dans la gigantesque machine sociale en plein labour. Il a des maîtresses, ainsi qu'on a des chevaux, pour faire de l'exercice. S'il se marie, c'est que le mariage est devenu une opération comme une autre, et s'il a des enfants, c'est que sa femme l'a voulu.

Il est une autre cause aux fâcheux mariages d'aujourd'hui, sur laquelle je veux insister, avant d'arriver aux exemples. Cette cause est le fossé profond que l'éducation et l'instruction creusent chez nous, dès l'enfance, entre les garçons et les filles. Je prends la petite Marie et le petit Pierre. Jusqu'à six ou sept ans, on les laisse jouer ensemble. Leurs mères sont amies ; ils se tutoient, s'allongent fraternellement des claques, se roulent dans les coins, sans honte. Mais, à sept ans, la société les sépare et s'empare d'eux. Pierre est enfermé dans un collège où l'on s'évertue à lui emplir le crâne du résumé de toutes les connaissances humaines ; plus tard, il entre dans les écoles spéciales, choisit une carrière, devient un homme. Livré à lui-même, lâché à travers le bien et le mal pendant ce long apprentissage de l'existence, il a côtoyé les vilenies, goûté aux douleurs et aux joies, fait une expérience des choses et des hommes. Marie, au contraire, a passé tout ce temps cloîtrée dans l'appartement de sa mère ; on lui a enseigné ce qu'une jeune fille bien élevée doit savoir : la littérature et l'histoire expurgées, la géographie, l'arithmétique, le catéchisme, elle sait en outre jouer du piano, danser, dessiner des paysages aux deux crayons. Aussi Marie ignore-t-elle le monde, qu'elle a vu seulement par la fenêtre, et encore a-t-on fermé la fenêtre quand la vie passait trop bruyante dans la rue. Jamais elle ne s'est risquée seule sur le trottoir. On l'a soigneusement gardée, telle qu'une plante de serre, en lui ménageant l'air et le jour, en la développant dans un milieu artificiel, loin de tout contact. Et maintenant, j'imagine que, dix à douze ans plus tard, Pierre et Marie se retrouvent en présence. Ils sont devenus étrangers, la rencontre est fatalement pleine de gêne. Ils ne se tutoient plus, ne se poussent plus dans les coins pour rire. Elle, rougissante, reste inquiète, en face de l'inconnu qu'il apporte. Lui, entre eux, sent le torrent de la vie, les vérités cruelles, dont il n'ose parler tout haut. Que pourraient-ils se dire ? Ils ont une langue différente, ne sont plus des créatures semblables. Ils en restent réduits à la banalité des conversations courantes, se tenant chacun sur la défensive, presque ennemis, se mentant déjà l'un à l'autre.

Certes, je ne prétends pas qu'on devrait laisser pousser ensemble nos fils et nos filles comme les herbes folles de nos jardins. La question de cette double éducation est trop grosse pour un simple observateur ! Je me contente de dire ce qui est : nos fils savent tout, nos filles ne savent rien. Un de mes amis m'a souvent raconté l'étrange sensation qu'il a éprouvée pendant sa jeunesse, à sentir peu à peu ses sœurs lui devenir étrangères. Quand il revenait du collège, chaque année, il sentait le fossé plus profond, la froideur plus grande. Un jour enfin, il ne trouva plus rien à leur dire. Et, quand il les avait embrassées de tout son cœur, il ne lui restait qu'à prendre son chapeau et à s'en aller. Que sera-ce donc dans la grosse affaire du mariage ? Là, les deux mondes se rencontrent en un choc inévitable, et le heurt menace toujours de briser la femme ou l'homme. Pierre épouse Marie sans pouvoir la connaître, sans pouvoir se faire connaître d'elle, car il n'est pas permis de tenter un essai mutuel. La famille de la jeune personne est généralement heureuse de la caser enfin. Elle la remet au fiancé, en le priant de remarquer qu'elle la lui livre en bon état, intacte, telle qu'une mariée doit être. Maintenant, c'est l'homme qui veillera sur sa femme. Et voilà Marie jetée brusquement dans l'amour, dans la vie, dans les secrets si longtemps cachés. D'une minute à l'autre, l'inconnu se révèle. Les épouses les meilleures en gardent parfois une longue secousse. Mais le pis est que l'antagonisme des deux éducations persiste. Si le mari ne refait pas sa femme à son image, elle lui restera à jamais étrangère, avec ses croyances, le pli de sa nature, la niaiserie incurable de son instruction. Quel étrange système, partager l'humanité en deux camps, les hommes d'un côté, les femmes de l'autre ; puis, après avoir armé les deux camps l'un contre l'autre, les unir en leur disant : « Vivez en paix ! »

En somme, l'homme de nos jours n'a pas le temps d'aimer et il épouse la femme sans la connaître, sans être connu d'elle. Ce sont là deux traits distinctifs du mariage moderne. J'évite de compliquer la donnée générale en spécifiant davantage, et je passe aux exercices.

I

Le comte Maxime de La Roche-Mablon a trente-
deux ans. Il appartient à l'une des plus vieilles familles
de l'Anjou. Son père a été sénateur sous l'Empire, sans
avoir abandonné, dit-il, une seule de ses convictions
légitimistes. Les La Roche-Mablon, d'ailleurs, n'ont pas
perdu un lopin de terre pendant l'émigration, et on les
cite encore parmi les grands propriétaires de France.
Quant à Maxime, il a mené une belle jeunesse, il s'est
engagé comme zouave pontifical, puis est revenu à
Paris où il a fait courir; il a joué, a eu des maîtresses,
s'est battu en duel, sans pouvoir s'afficher. C'est un
grand garçon blond, beau cavalier, d'une intelligence
moyenne, sans passions extrêmes, et qui songe maintenant à entrer dans la diplomatie, pour faire une fin.

La forte tête des La Roche-Mablon est une tante, la
baronne de Bussière, une vieille dame remuante, lan-
cée dans le monde académique et le monde politique.
Dès que son neveu Maxime lui confie ses projets, elle
s'écrie que, d'abord, il doit se marier, le mariage étant
la base de toutes les carrières sérieuses. Maxime n'a
aucune objection grave contre le mariage. Il n'y a pas

songé ; il préférerait rester garçon, mais enfin, s'il faut absolument qu'il se marie, pour tenir son rang dans le monde, il passera par cette formalité comme par toutes les autres. Seulement, il avoue en riant que, n'ayant aucun amour au cœur, il a beau fouiller sa mémoire, toutes les jeunes filles avec lesquelles il a dansé, dans les salons, lui semblent avoir la même robe blanche et le même sourire. Mme de Bussière est enchantée. Elle se charge de tout.

Le surlendemain, la baronne parle à Maxime de Mlle Henriette de Salneuve. Fortune considérable, ancienne noblesse de Normandie, convenances parfaites de part et d'autre. Et elle appuie sur le côté correct de cette union. On ne saurait trouver un parti satisfaisant davantage aux exigences du monde. Ce sera un de ces mariages qui n'étonnent personne. Maxime hoche la tête d'un air de complaisance. En effet, tout cela lui semble très raisonnable. Les noms se valent, les fortunes sont les mêmes à peu de chose près, les alliances se présentent comme très précieuses, s'il persiste à vouloir entrer dans la diplomatie.

« Elle est blonde, je crois, finit-il par demander.

– Non, brune, répond la baronne ; c'est-à-dire que je ne sais pas trop ! »

D'ailleurs, peu importe. Ce qu'il y a de certain, c'est que Henriette a dix-neuf ans. Maxime croit avoir dansé avec elle, à moins pourtant que ce ne soit avec sa sœur cadette. On ne parle pas de son éducation, c'est inutile : elle a été élevée par sa mère, et cela suffit. Quant à son caractère, il ne saurait en être question, personne ne le connaît. Mme de Bussière affirme qu'elle lui a entendue jouer, un jour, une valse de Chopin avec beaucoup d'âme. Et, pour le reste, dès le soir, une rencontre doit avoir lieu dans un salon neutre.

Lorsque Maxime, le soir, aperçoit Mlle de Salneuve, il est très surpris de la trouver jolie. Il danse avec elle, la complimente sur son éventail, reçoit en remerciement un sourire. Quinze jours plus tard, la demande officielle est faite et le contrat se débat devant les notaires. Maxime a vu Henriette cinq fois. Elle est vraiment fort bien, blanche de peau, la taille ronde, et elle saura s'habiller quand elle pourra jeter ses robes de jeune fille. Au demeurant, elle paraît aimer la musique, déteste l'odeur du musc, a eu une amie qui s'appelait Claire et qui est morte. C'est tout. Maxime, d'ailleurs, trouve que c'est assez : elle est une Salneuve, il la prend des mains d'une mère rigide. Plus tard, ils auront le temps de se connaître. En attendant, il pense à elle sans déplaisir. Il n'est pas positivement amoureux, mais il n'est point fâché qu'elle soit agréable, parce que, si elle s'était rencontrée laide, il l'aurait évidemment épousée tout de même.

Huit jours avant le mariage, le jeune comte règle sa vie de garçon. Il est alors avec la grande Antonia, une ancienne écuyère qui est revenue du Brésil couverte de diamants. Il renouvelle son mobilier et rompt avec elle en toute amitié, après un souper où l'on boit à son bonheur conjugal. Il paie son valet de chambre, brûle des lettres inutiles, fait ouvrir les fenêtres pour que son hôtel prenne l'air. Et il est prêt. Pourtant, tout au fond de lui, il y a des heures de sa vie qu'il garde et sur lesquelles il croit suffisant d'avoir fermé à jamais les portes de son cœur.

Les notaires des deux familles ont rédigé le contrat. Toute cette basse besogne de l'argent leur a été livrée. En somme, rien de plus simple, les apports des époux sont connus, le mariage doit avoir lieu sous le régime dotal. Pendant la lecture du contrat, les deux familles demeurent muettes ; puis, on signe, sans une observation, en se passant la plume avec des sourires. Et l'on parle d'autre chose, d'une fête de charité dont la baronne a eu l'idée, d'un sermon dans lequel le père Dulac a montré vraiment bien du talent.

Le mariage civil a eu lieu un lundi, un jour où l'on ne marie pas d'ordinaire à la mairie. La mariée a une robe de soie grise, très simple ; le marié est en redingote et en pantalon clair. Pas une invitation n'a été faite, il n'y a là que la famille et les quatre témoins, des personnages considérables. Pendant que le maire lit les articles du Code, les regards de Maxime et d'Henriette se rencontrent, et ils se sourient. Quelle

langue barbare cette langue de la loi ! Est-ce que
vraiment le mariage est une chose si terrible que
cela ? Ils disent, l'un après l'autre, le « oui » solennel,
sans la moindre émotion, le maire étant un petit
homme presque bossu, dont la chétive personne
manque de majesté. La baronne, en toilette sombre,
regarde la salle avec un binocle, trouve que la loi est
logée bien pauvrement. En quittant la mairie,
Maxime et Henriette laissent chacun mille francs pour
les pauvres.

Mais toute la pompe, toutes les larmes d'attendris-
sement sont réservées pour la cérémonie religieuse.
Afin de n'être pas confondu avec les noces vulgaires,
on a choisi une église privée, la petite chapelle des
Missions. Cela donne tout de suite au mariage un par-
fum de piété supérieure. C'est Mgr Félibien, un évêque
du Midi, quelque peu parent des Salneuve, qui doit
bénir l'union. Le grand jour arrive, la chapelle se
trouve trop petite ; trois rues voisines sont barrées par
les équipages ; à l'intérieur, dans le demi-jour des
vitraux, c'est un froissement d'étoffes riches, un mur-
mure discret de voix. On a mis des tapis partout. Il y a
cinq rangées de fauteuils devant l'autel. Toute la
noblesse de France est là chez elle, avec son Dieu.
Cependant, Maxime, en habit irréprochable, paraît un
peu pâle. Henriette arrive, toute blanche dans un
nuage de tulle ; elle aussi est très émue, elle a les yeux

rouges, elle a pleuré. Quand Mgr Félibien étend les mains sur leurs têtes, tous deux restent courbés quelques secondes, avec une ferveur qui produit la meilleure impression. Puis, l'évêque parle des devoirs des époux d'une voix chantante. Et la famille essuie des larmes, Mme de Bussière surtout, qui a été très malheureuse en ménage. La cérémonie s'achève, au milieu des odeurs d'encens, dans la magnificence des cierges allumés. Ce n'est point un luxe bourgeois, mais une distinction suprême, raffinant la religion pour l'usage des gens bien nés. Jusqu'aux dernières poignées de main échangées, après la signature des pièces, l'église reste un salon.

Le soir, on dîne en famille, portes et fenêtres closes. Et brusquement, vers minuit, lorsque Henriette grelotte dans son lit d'épouse, la face tournée vers le mur, elle sent Maxime qui lui pose un baiser sur les cheveux. Il est entré, derrière les parents, sans faire de bruit. Elle jette un cri, le supplie de la laisser seule. Lui, sourit, la traite en enfant qu'on cherche à rassurer. Il est trop galant homme pour ne pas mettre d'abord tous les ménagements possibles. Mais il connaît les femmes, il sait de quelle façon on doit procéder avec elles. Il reste donc là, à lui baiser les mains, avec des caresses de parole. Elle n'a rien à craindre, n'est-il pas son mari, ne doit-il pas veiller sur sa chère existence? Puis, comme elle s'effare de plus en plus et se met à sangloter en appelant sa mère, il croit devoir brusquer un peu les choses, pour éviter que la situation ne tourne au ridicule. D'ailleurs, il demeure homme du monde, déplace la lampe, se souvient fort à propos de la façon dont il a débuté avec la petite Laurence, des Folies, qui ne voulait pas de lui, à la suite d'un souper. Henriette est beaucoup mieux élevée que Laurence, elle ne l'égratigne pas, ne lui lance pas de coups de pied. C'est à peine si elle se débat dans un frisson de peur ; et elle lui appartient pleurante, fiévreuse, n'osant plus ouvrir les yeux. Toute la nuit, elle pleure, collant sa bouche à l'oreiller pour qu'il ne l'entende pas. Cet homme allongé à côté d'elle, lui cause une répugnance terrifiée. Ah ! quelle horrible chose, pourquoi ne lui a-t-on jamais parlé de cela ? elle ne se serait pas mariée. Ce viol du mariage, sa longue jeunesse rigide et d'ignorance aboutissant à cette initiation brutale, lui apparaît comme un malheur irréparable dont elle ne se consolera pas.

Quatorze mois plus tard, monsieur n'entre plus dans la chambre de madame. Ils ont eu une lune de miel de trois semaines. La cause de la rupture a été très délicate. Maxime, habitué à la grande Antonia, a voulu faire une maîtresse d'Henriette, et celle-ci, de sens endormis encore, de nature froide, s'est refusée à certains caprices. D'autre part, ils ont découvert, dès le deuxième jour, qu'ils ne s'entendraient jamais ensemble. Maxime est d'un tempérament sanguin, violent et entêté. Henriette a une grande langueur, une tranquillité de gestes énervante, tout en montrant, pour le moins, un entêtement pareil. Aussi s'accusent-ils, l'un et l'autre, d'une méchanceté noire. Mais, comme des personnes de leur rang doivent toujours sauver les apparences, ils vivent dans des termes de grande politesse. Ils font prendre de leurs nouvelles chaque matin, se quittent le soir avec un salut cérémonieux. Ils sont plus étrangers que s'ils habitaient à des milliers de lieues, lorsqu'un salon seulement sépare leurs chambres.

Cependant Maxime s'est remis avec Antonia. Il a renoncé complètement à l'idée d'entrer dans la diplomatie. C'était sot, cette idée. Un de La Roche-Mablon n'a pas besoin d'aller se compromettre dans la politique, par ces temps de cohue démocratique. Ce qui le fait sourire parfois, quand il rencontre la baronne de Bussière, c'est de songer qu'il s'est marié d'une façon si absolument inutile. D'ailleurs, il ne regrette rien. Le titre, la fortune, tout y est. De nouveau, il fait courir, passe ses nuits au cercle, mène la haute vie d'un gentilhomme de grande race.

Henriette s'est d'abord beaucoup ennuyée. Puis, elle a goûté vivement la liberté du mariage. Elle fait atteler dix fois par jour, court les magasins, va voir des amies, jouit du monde. Elle a tous les bénéfices d'une jeune veuve. Jusqu'ici, sa grande tranquillité de tempérament l'a sauvée des fautes graves. C'est tout au plus si elle s'est laissé baiser les doigts. Mais il y a des heures où elle se trouve bien sotte. Et elle est à discuter avec elle, posément, si elle doit prendre un amant, l'hiver prochain.

II

M. Jules Beaugrand est le fils du célèbre Beaugrand,
l'avocat, le célèbre orateur de nos assemblées politiques. Antoine Beaugrand, le grand-père, était un pai-
sible bourgeois d'Angers, d'une famille de notaire très
estimée dans sa province. Lui, n'avait pas mordu au
notariat, et il mangeait ses rentes tranquillement. Son
fils aîné, le célèbre Beaugrand, très actif et très ambi-
tieux au contraire, a fait une belle fortune. Quant à
Jules Beaugrand, il a les grandes visées de son père, la
vanité d'une haute situation, le besoin d'un luxe prin-
cier. Malheureusement, il vient d'avoir trente ans, et il
commence à se sentir médiocre. D'abord, il a rêvé la
députation, les succès de tribune, un portefeuille de
ministre à la première catastrophe gouvernementale.
Mais, dans la parlotte de jeunes avocats où il s'est
essayé à l'éloquence, il s'est découvert un bredouille-
ment de langue intolérable, une paresse d'idées et de
mots qui lui interdisent absolument les triomphes politiques. Il a ensuite un moment hésité, en réfléchissant
qu'il devrait peut-être entrer dans l'industrie. Les
études spéciales lui ont fait peur. Et, en fin de compte,

il s'est décidé tout simplement pour une étude d'avoué. Son père qui était très embarrassé de sa personne lui a acheté fort cher une des meilleures études, dont le dernier titulaire a gagné une couple de millions.

Depuis six mois, Jules est donc avoué. L'étude est installée dans un appartement sombre de la rue Sainte-Anne. Mais il habite un hôtel de la rue d'Amsterdam, passe ses soirées dans le monde, collectionne des tableaux, affecte d'être avoué le moins possible. Cependant, il trouve la fortune lente. Il manque, autour de lui, un élargissement de luxe, un dîner chaque semaine, par exemple, offert à des personnages considérables, ou encore son salon ouvert le mardi soir, réunissant les amis politiques de son père. Même, il se persuade qu'un train plus grand, des réceptions, cinq chevaux dans son écurie, enfin, un agrandissement de toute sa maison, serait une chose excellente qui doublerait sa clientèle.

« Marie-toi, lui dit son père, auquel il demande conseil. Une femme mettra chez toi du bruit, de l'éclat… Prends-la riche, parce qu'une femme, dans ces conditions, coûte très cher. Tiens, Mlle Desvignes, la fille du manufacturier… Elle a un million de dot. C'est ton affaire. »

Jules ne se presse pas, mûrit l'idée. Sans doute un mariage assoirait sa position ; mais c'est une affaire grave, qu'il ne faut pas conclure à la légère. Il pèse donc les fortunes autour de lui. Son père, avec son coup d'œil supérieur, avait raison : c'est encore Mlle Marguerite Desvignes qui est le parti le plus solide. Alors, il prend des renseignements précis sur la prospérité de l'usine Desvignes. Il fait même causer habilement le notaire de la famille. Le père donne, en effet, un million : peut-être irait-il jusqu'à douze cent mille francs. Si le père donne douze cent mille francs, Jules est décidé : il épouse.

Pendant près de trois mois, l'opération est savamment menée. Le célèbre Beaugrand joue un rôle décisif. C'est lui qui rentre en relation avec Desvignes, un de ses anciens collègues à la Constituante, et qui, peu à peu, l'éblouit, le pousse à offrir sa fille, avec les douze cent mille francs.

« Je le tiens ! dit-il en riant à Jules. Maintenant, tu peux faire ta cour. »

Jules a connu autrefois Marguerite, quand elle était enfant : les deux familles passaient l'été à la campagne, du côté de Fontainebleau, et voisinaient. Marguerite a déjà vingt-cinq ans. Mais, bon Dieu ! qu'il la trouve enlaidie lorsqu'il la revoit. Elle n'a jamais été belle, sans doute ; elle était autrefois noire comme une jeune taupe ; seulement, elle est devenue presque bossue et elle a un œil plus grand que l'autre. Au demeurant, la plus aimable fille du monde, très spirituelle, dit-on, et d'une exigence extraordinaire sur les qualités

qu'elle exige d'un homme ; elle a refusé les plus beaux
partis, ce qui explique comment elle est restée fille si
tard, avec son million. Lorsque Jules la quitte, après
la première rencontre, il la déclare tout à fait bien ; elle
s'habille à ravir, parle de tout avec un aplomb superbe,
paraît femme à tenir supérieurement un salon, en
Parisienne à qui sa laideur donne, simplement, une
pointe d'originalité. Puis, en vérité, une fille de douze
cent mille francs peut se permettre d'être laide.

Les choses sont, dès lors, conduites fort rondement.
Les fiancés ne sont pas gens à s'attarder aux baga-
telles de la porte. L'un et l'autre savent parfaitement
quel marché ils concluent. D'un sourire, ils se sont
compris. Marguerite a été élevée dans un pensionnat
aristocratique ; elle avait perdu sa mère à sept ans, et
son père n'a pu veiller sur son éducation. Elle est donc
restée en pension jusqu'à dix-sept ans, apprenant tout
ce qu'une jeune fille riche ne peut ignorer, la musique,
la danse, les belles manières, même un peu de gram-
maire, d'histoire et d'arithmétique. Mais son éducation s'est faite surtout en compagnie de ses camarades,
des petites personnes venues de tous les beaux quar-
tiers de Paris. Dans ce monde étroit, qui était l'image
en raccourci du vaste monde, entre les quatre murs du
jardin où elle a grandi, elle a su, dès quatorze ans, les
douceurs de la fortune, l'esprit pratique du siècle, la
puissance de la femme, tout ce qui fait notre civilisa-

tion avancée. Si elle hésite sur une question d'écono-
mie domestique, elle distingue d'un coup d'œil tous
les points de dentelle imaginables, parle des modes en
grande couturière, connaît les actrices par leurs petits
noms, parie aux courses et juge les chevaux avec des
mots techniques. Et elle sait encore autre chose, en
toute honnêteté, d'ailleurs, car elle a mené la vie de
garçon depuis huit ans qu'elle a quitté le pensionnat.

Jules, cependant, lui envoie chaque jour un bouquet de trois louis. Quand il va la voir, il se montre
très galant. Mais la conversation tourne vite, ils en
reviennent toujours à leur installation prochaine. En
dehors de deux ou trois compliments d'usage, ils ne
parlent guère que tapissier, carrossier, fournisseurs de
toutes sortes. Marguerite s'est enfin décidée à accep-
ter Jules, parce qu'il lui a semblé d'une médiocrité
suffisante, et qu'elle s'est trop ennuyée chez son père,
l'hiver dernier. Leur première promenade d'amour est
d'aller visiter l'hôtel de la rue d'Amsterdam. Elle le
trouve un peu petit ; mais elle fera abattre deux cloi-
sons, changera les portes de place. Puis, elle discute la
couleur des ameublements, s'inquiète de savoir où
sera sa chambre à coucher, descend jusqu'aux écu-
ries, dont elle se déclare satisfaite. Elle revient encore
deux fois à l'hôtel, pour donner elle-même des ordres
à l'architecte. Jules est ravi, il a trouvé la femme qu'il
lui fallait.

Huit jours avant la cérémonie, les deux familles sont sur les dents. Le célèbre Beaugrand et le vieux Desvignes ont eu déjà trois conférences avec les notaires. Ils surveillent les moindres clauses, en hommes méfiants, sans illusion sur la probité humaine. Jules, de son côté, se donne un mal inouï pour la corbeille. Marguerite, contre les convenances, avec un sourire d'enfant gâté, lui a demandé de choisir elle-même les bijoux et les dentelles. Et ils sont partis, accompagnés seulement d'une parente pauvre, battant les magasins, estimant les diamants et les valenciennes du matin au soir. Cela les amuse, d'ailleurs. Ils ne vont point, comme les amoureux naïfs, les mains enlacées, le long des haies ; ils se sourient, assis devant les comptoirs de bijoutiers, se passant les bagues et les broches, les doigts refroidis par les pierres précieuses.

Enfin, on a signé le contrat. Pendant la lecture, une dernière discussion s'est élevée entre le célèbre Beaugrand et Desvignes. Mais Jules est intervenu, tandis que Marguerite écoutait, avec de grands yeux attentifs, toute prête à défendre d'un mot ses intérêts, si elle les voyait compromis. Le contrat est très compliqué : il laisse la moitié de la dot à la disposition du mari, et constitue, avec l'autre moitié, un bien inaliénable dont la rente entrera dans la communauté, à la condition toutefois qu'une somme de douze mille francs par an sera accordée à la femme pour sa toilette. Le célèbre

Beaugrand qui est l'auteur de ce chef-d'œuvre est enchanté d'avoir « roulé » son vieil ami Desvignes.

À la mairie, on invite au plus dix personnes. Le maire est un cousin de Jules ; il reprend son sérieux pour lire le Code, mais, dès qu'il a posé le livre, il se hâte de redevenir homme du monde, il complimente les dames, il tient à présenter lui-même la plume aux témoins, parmi lesquels il y a deux sénateurs, un ministre et un général. Marguerite a dit le « oui » sacramentel d'une voix un peu forte, l'air sérieux, car elle connaît la loi. Tous les assistants restent graves, comme s'ils aidaient de leur présence à la conclusion d'une affaire remuant de gros capitaux. Chaque époux laisse quinze cents francs pour les pauvres. Et le soir, il y a, chez Desvignes, un dîner auquel on a invité les témoins ; seul, le ministre n'a pas pu venir, ce qui a vivement contrarié les deux familles.

Le mariage religieux a eu lieu à la Madeleine. Trois jours auparavant, Jules et son père sont allés s'entendre pour les prix. Ils ont voulu tout le luxe possible et ont débattu certains chiffres : tant pour la messe au maître-autel, tant pour les orgues, tant pour les tapis. Il est convenu qu'un tapis descendra les vingt marches, et viendra jusqu'au trottoir ; il est entendu également que les orgues salueront d'une marche triomphale l'entrée du cortège ; c'est cinquante francs de plus, mais cela est d'un grand effet. On a lancé un millier d'invitations. Quand les voitures arrivent en longue file correcte, l'église est déjà pleine de toute une foule, des hommes en habit, des femmes en grande toilette. Par un miracle de coquetterie, Marguerite n'est presque plus laide, sous son voile blanc et sa couronne de fleurs d'oranger. Jules est tout gonflé de son importance, en voyant qu'il a dérangé tant de monde. Cependant, les orgues grondent, les chantres ont des voix de cuivre, la cérémonie dure près d'une heure et demie, sous la majesté des voûtes. C'est fort beau. Puis, dans la sacristie, commence un défilé interminable. Les connaissances, les invités, jusqu'à des inconnus, entrent par une porte, et sortent par une autre, après avoir serré les mains des époux et des deux familles. Cette formalité demande encore plus d'une heure. Il y a là beaucoup d'hommes politiques, des avocats, des avoués, de grands industriels, des artistes, des journalistes ; et Jules donne une poignée de main particulièrement cordiale à un petit jeune homme pâle qu'il connaît un peu, et qui écrit dans une feuille des boulevards où il mettra peut-être une note sur le mariage.

Comme ni les Beaugrand ni les Desvignes n'ont un salon assez vaste pour donner le repas, on mange et on danse le soir à l'Hôtel du Louvre. Le repas est médiocre. Le bal, dans la salle des fêtes de l'hôtel, a beaucoup d'éclat. À minuit, une voiture emporte les mariés

rue d'Amsterdam ; et ils plaisantent tout le long du chemin, au milieu de Paris noir, tandis que des ombres de
femmes rôdent au coin des rues. Quand Jules entre
dans la chambre nuptiale, il trouve Marguerite qui
l'attend tranquillement, un coude enfoncé dans
l'oreiller. Elle est un peu pâle, avec un sourire gêné, rien
de plus. Et le mariage se consomme tout naturellement,
comme une chose dès longtemps attendue.

Voici deux ans que les Beaugrand sont mariés. Ils
n'ont pas rompu, mais ils s'oublient depuis six mois.
Quand Jules est repris d'un caprice pour sa femme, il
doit lui faire la cour toute une semaine, avant d'être
admis dans sa chambre ; le plus souvent, pour écono-
miser son temps qui est précieux, il va contenter son
caprice ailleurs. Il a tant d'affaires ! C'est aujourd'hui
un homme très lancé ; il ne se contente plus de son
étude, il est de plusieurs sociétés, joue même à la
Bourse. Sa joie est d'occuper Paris de lui, les journaux
lui prêtent des mots d'esprit. D'ailleurs, il ne bat pas
sa femme, et il n'a pu encore trouver le moyen, malgré
les conseils de son père, de toucher aux six cent mille
francs immobilisés par le contrat.

De son côté, Marguerite est une charmante femme.
La jeune fille a tenu ses promesses. Elle a fait de l'hôtel
de la rue d'Amsterdam un rendez-vous de luxe et de
fêtes. Toute la prodigalité folle de Paris, les toilettes de
mille écus gâchées en une soirée ; les billets de banque

tordus pour allumer les bougies, mettent là un éclat de richesse extraordinaire. Du matin au soir, les équipages roulent sous la voûte; et, certaines nuits, le quartier, jusqu'à l'aube, entend une musique lointaine berçant des rires adoucis de danseuses. Marguerite est toute resplendissante de sa laideur; elle s'est arrangée pour être plus désirable qu'une jolie femme; elle est mieux que belle, elle est pire, ainsi qu'elle le dit elle-même en riant. Les douze cent mille francs de sa dot flambent comme un feu de paille. Elle ruinerait son mari avant un an si elle n'était pas d'une intelligence rare. On sait qu'elle dispose seulement de mille francs par mois pour sa toilette : mais personne n'a le mauvais goût de s'étonner, en lui voyant dépenser en un mois ce qu'elle touche pour une année. Jules est enchanté, aucune femme n'aurait tenu sa maison sur un pied pareil, et il lui est sincèrement reconnaissant de tout ce qu'elle fait dans le but d'élargir le cercle de leurs relations. En ce moment, Marguerite se montre filiale pour un des sénateurs qui lui ont servi de témoins; elle se laisse baiser les épaules, derrière les portes, et se fait offrir des titres de rente dans des boîtes de pastilles.

III

Louise Bodin a dépassé la trentaine. C'est une grande personne, ni belle ni laide, à figure plate, dont le célibat commence à couperoser les joues. Elle est fille d'un petit mercier de la rue Saint-Jacques, établi depuis plus de vingt ans dans une boutique obscure, où il n'a pu encore mettre de côté qu'une dizaine de mille francs, et il a fallu pour cela manger de la viande deux fois par semaine au plus, porter les mêmes vêtements trois années, compter l'hiver les pelletées de charbon jetées dans la poêle. Depuis vingt ans, Louise est là, derrière le comptoir, à ne voir que des fiacres éclabousser les piétons. Deux fois, elle est allée à la campagne, une fois à Vincennes, l'autre fois à Saint-Denis. Quand elle se met sur la porte, elle aperçoit, au bas de la rue, le pont sous lequel coule la rivière. D'ailleurs, elle est raisonnable, elle a grandi dans le respect du sou d'aiguilles et des deux sous le fil qu'elle vend aux ouvrières du quartier. Sa mère l'envoyait à une petite pension voisine, mais elle l'a retirée dès l'âge de douze ans, pour éviter de prendre une demoiselle de magasin. Louise sait lire et écrire, sans être ferrée sur l'orthographe ; ce qu'elle sait le mieux, ce sont les quatre règles. Comme elle le dit de sa voix posée, elle est bien assez savante pour être dans le commerce.

Cependant, son père a déclaré qu'il lui donnerait deux mille francs de dot. Cette promesse s'est répandue dans le quartier, personne n'ignore que la demoiselle Bodin aura deux mille francs. Aussi, les partis n'ont-ils pas manqué. Mais Louise est une fille prudente. Elle dit très nettement qu'elle n'épousera jamais un garçon qui n'aurait rien. On ne se met pas ensemble pour se croiser les bras et se regarder le blanc des yeux. Des enfants peuvent venir ; puis, on est bien content d'avoir un morceau de pain quand on est vieux. Elle veut donc un mari qui ait au moins deux mille francs, comme elle. Ils pourront prendre une petite boutique, ils gagneront honorablement leur vie. Mais si les maris de deux mille francs ne sont pas rares, ils ambitionnent d'ordinaire des femmes qui ont le double ou le triple. C'est pour cela que Louise menace de rester vieille fille. Elle a écarté les mauvais sujets, les hommes qui venaient tourner autour d'elle, dans l'espoir de lui croquer sa dot. Elle consent bien à être épousée pour son argent, puisque l'argent, en somme, est tout dans la vie. Seulement, elle entend trouver un mari qui ait, lui aussi, le respect de l'argent.

Enfin, on parla aux Bodin d'un jeune homme très bon sujet, un ouvrier horloger, de mœurs excellentes.

Il habite le voisinage avec sa mère qui vit d'une petite rente. Mme Meunier a mis de côté, par des prodiges d'économies, la somme de quinze cents francs, afin de faciliter le mariage de son fils. Alexandre Meunier, qui a un an de moins que Louise, est très timide, tout à fait convenable. Mais Louise, devant le chiffre de quinze cents francs, dit carrément qu'il est inutile de pousser les choses plus loin, elle veut deux mille francs, elle a fait tous ses calculs. Cependant, des relations s'établissent entre les deux familles, Mme Meunier en vient elle-même à souhaiter un mariage désirable pour son fils : et, quand elle apprend la somme demandée par Louise, elle approuve beaucoup cette sage résolution de la jeune fille, elle promet, en dix-huit mois, de compléter les deux mille francs. Tout, dès lors, se trouve entendu.

Les familles vivent sur un pied étroit d'intimité. Les enfants, Alexandre et Louise, attendent tranquillement, en se donnant des poignées de main amicales. Chaque soir, on se réunit, et ils restent là, dans l'arrière-boutique, aux deux côtés de la table, sans une rougeur ni une impatience, à causer du quartier, de la prospérité des uns, de l'inconduite ou de la mauvaise chance des autres. En dix-huit mois, ils n'échangent pas une parole d'amour. Louise trouve Alexandre très honnête, car elle lui a entendu dire, un jour, qu'il n'osait pas réclamer dix francs prêtés à un ami depuis six semaines. Alexandre déclare que Louise est née pour le commerce ; ce qui est, dans sa bouche, un grand compliment.

Au jour dit, comme à une échéance, Mme Meunier a les deux mille francs. Voilà un an et demi qu'elle se prive de café et qu'elle rogne des sous sur la nourriture, sur l'éclairage et le chauffage. On fixe alors la date du mariage à trois mois, pour avoir le temps de se préparer. Il est décidé qu'Alexandre s'établira horloger dans une petite boutique qu'on a découverte rue Saint-Jacques même, la boutique d'une fruitière dont le commerce a mal tourné. Et il s'agit, avant tout, de faire mettre la boutique en état. On finit par se contenter de blanchir le plafond et de lessiver les peintures, car le peintre demandait deux cents francs pour repeindre le tout à neuf. Quant aux marchandises, elles consisteront d'abord en quelques bijoux communs et en quelques pendules d'occasion. Alexandre commencera par faire les réparations d'horlogerie dans le quartier ; et, peu à peu, quand ils seront connus, avec beaucoup d'ordre, ils arriveront à avoir une des boutiques les plus belles et les mieux garnies de la rue. Tout compte fait, la boutique prête, les frais d'installation payés, il leur restera trois mille francs, avec lesquels ils pourront guetter les bons achats. Ces arrangements les occupent jusqu'à la veille du mariage.

Lorsqu'on a parlé d'un contrat, Louise a haussé les épaules et Alexandre s'est mis à rire. Un contrat coûte au moins deux cents francs. Ils mettront tout en commun, et ils auront tout par moitié, c'est bien plus naturel. Cependant, ils se sont décidés à faire proprement les choses. Alexandre, outre l'alliance, une alliance d'or de quinze francs, donne à Louise une chaîne de montre. La noce doit avoir lieu dans un restaurant de la banlieue, à Saint-Mandé, au *Panier Fleuri*; mais les Bodin ont déclaré que les frais du repas les regardaient.

Le mariage est fixé à un samedi, parce qu'on a, de cette façon, tout le dimanche pour se reposer. La noce compte cinq voitures, louées pour la journée. Alexandre s'est fait faire une redingote et un pantalon noirs. Louise a fait elle-même sa robe blanche; et c'est une tante qui lui a donné la couronne et le bouquet de fleurs d'oranger. Tous les invités, du reste, près de vingt personnes, se sont mis en frais de toilette; les dames ont des toilettes de soie roses, vertes, jaunes; les messieurs sont en redingote, un ancien marchand de meubles a même un habit. Mais les deux demoiselles d'honneur, surtout, font retourner les passants, deux grandes filles blondes en mousseline blanche, la taille serrée par de larges ceintures bleues. Et, dès onze heures du matin, le cortège s'ébranle, part pour la mairie où la noce envahit la salle des mariages. Le maire se fait attendre près de trois quarts d'heure. C'est un gros homme à l'air ennuyé, qui expédie les articles du Code en regardant continuellement l'horloge en face de lui ; il doit avoir un rendez-vous d'affaires. Mme Bodin et Mme Meunier pleurent beaucoup. Les mariés répondent « oui » en adressant au maire un salut poli. Pendant ce temps, l'ancien marchand de meubles se permet des gaillardises, qui font ricaner les messieurs ; Alexandre et Louise ont chacun préparé une pièce de cinq francs, pour les pauvres. Puis, la noce remonte en voiture, traverse la place et redescend devant l'église. La veille, M. Bodin et Alexandre sont venus régler la cérémonie ; ils ont pris tout ce qu'il y a de plus simple, parce qu'on n'a pas besoin d'engraisser les curés ; même M. Bodin, qui est libre penseur, voulait qu'on n'allât pas à l'église et, s'il a cédé, c'est par convenance. Le prêtre mène vivement la messe, une messe basse à l'autel de la Vierge. Les assistants se lèvent et se rassoient quand le bedeau leur fait un signe. Seules, les femmes ont des livres de messe, qu'elles ne lisent pas. Les mariés restent graves, avec des visages vaguement ennuyés et distraits, comme s'ils ne pensaient à rien. Enfin, quand la noce sort de l'église, tout le monde a un soupir de soulagement. C'est donc fini, on va donc pouvoir rire un peu !

Vers deux heures, les voitures arrivent à Saint-Mandé. Le dîner n'est que pour six heures. On pousse alors jusqu'au bois de Vincennes. Et, pendant trois heures, c'est une promenade endimanchée au milieu des arbres ; les demoiselles d'honneur courent comme des gamines, les dames cherchent l'ombre, les messieurs allument des cigares. Comme toute la noce est rompue de fatigue, on finit par s'asseoir au milieu d'une clairière et on s'oublie là, à écouter les clairons du fort voisin, le sifflet aigu des locomotives qui passent, le grondement lointain de Paris à l'horizon.

Cependant, l'heure du repas approche, on retourne au restaurant. Le couvert est mis dans une vaste salle éclairée par dix becs de gaz, comme un café, il y a de gros bouquets artificiels dont l'usage a fané les fleurs. Et le service commence, au milieu du tapage des cuillers dans les assiettes à soupe. Puis, on s'échauffe, on plaisante, d'une extrémité de la table à l'autre. Le moment le plus gai de la soirée est celui où un jeune homme, un commis de nouveautés, se glisse sous la table et va dénouer la jarretière de la mariée, un flot de rubans dont les messieurs se partagent les brins, pour en décorer leurs boutonnières. Louise voulait qu'on lui évitât cette plaisanterie classique, mais son père lui a fait entendre que ça attristerait la noce, et elle s'est conformée à la coutume avec son bon sens ordinaire. Alexandre rit très haut, déborde d'une joie de brave garçon qui ne s'amuse pas souvent. La jarretière, d'ailleurs, a soulevé des plaisanteries très risquées.

Quand il en part une trop forte, les dames se cachent la figure dans leur serviette, pour rire à leur aise.

Il est neuf heures. Les garçons du restaurant prient la noce de passer un instant dans une pièce voisine. Pendant ce temps, ils enlèvent vivement la table ; et la vaste salle à manger se trouve changée en un salon de danse. Deux violons, un cornet à piston, une clarinette et une contrebasse sont installés sur une estrade. Le bal commence ; les robes des demoiselles d'honneur, fouettées du bleu de leurs ceintures, flottent toute la nuit d'un bout de la salle à l'autre, au milieu des redingotes noires. Il fait très chaud, des dames ouvrent une fenêtre, respirent l'air pur du dehors. On sert sur des plateaux des verres de sirop de groseille. Vers deux heures, on cherche la mariée partout, mais elle a disparu, elle est rentrée à Paris avec sa mère et son mari. M. Bodin est resté pour représenter la famille et pour entretenir la belle humeur des convives. Il faut qu'on danse jusqu'au jour.

Rue Saint-Jacques, Mme Bodin et deux autres dames procèdent à la toilette de nuit de la mariée. Elles la couchent et se mettent toutes les trois à pleurer. Louise, qu'elles impatientent, les renvoie, après avoir été forcée elle-même de les encourager. Elle est très tranquille, fatiguée seulement, avec une grosse envie de dormir. Et, en effet, comme Alexandre, intimidé, tarde trop à se présenter, elle finit par s'endormir, à sa place, au fond du lit. Alexandre, pourtant, s'avance sur la pointe des pieds. Il s'arrête, la regarde sommeiller, un instant, soulagé. Puis, avec mille précautions, il se déshabille, se glisse sous le drap en évitant les secousses. Il ne l'embrasse même pas. Ce sera pour le lendemain matin. Ils ont bien le temps, puisqu'ils sont ensemble pour la vie.

Et ils mènent une vie très heureuse. Ils ont la chance de n'avoir pas d'enfants ; des enfants les dérangeraient. Leur commerce prospère, la petite boutique s'agrandit, les vitrines s'emplissent de bijoux et de pendules. C'est Louise qui conduit la maison en maîtresse femme. Elle est, pendant des heures, au comptoir, à sourire aux clientes, à donner comme fabriqués de la veille des bijoux démodés ; le soir, une plume à l'oreille, elle vérifie les comptes. Souvent aussi, elle passe les journées en courses, aux quatre coins de Paris, pour les commandes. Son existence entière s'écoule dans le souci constant du commerce ; la femme disparaît ; il ne reste qu'un commis actif et rusé, sans sexe, incapable d'une chute, ayant l'idée fixe de se retirer avec cinq ou six mille francs de rente, pour aller les manger, à Suresnes, dans une villa bâtie en forme de chalet suisse. Aussi, Alexandre montre-t-il une sérénité absolue, une confiance aveugle en sa femme. Lui s'occupe seulement des travaux d'horlogerie, de la réparation des montres et des pendules ; et il semble que la maison elle-même est une grande horloge, dont ils ont réglé à eux deux le balancier pour toujours. Jamais ils ne sauront s'ils se sont aimés. Mais ils savent, à coup sûr, qu'ils sont des associés honnêtes, âpres à l'argent, qui continuent à coucher ensemble pour éviter un double blanchissage de draps.

IV

Valentin est un grand gaillard de vingt-cinq ans, menuisier de son état, qui est né en plein faubourg Saint-Antoine. Son père et son grand-père étaient menuisiers. Il a poussé au milieu des copeaux, il a joué aux billes, jusqu'à dix ans, sur le trottoir de la place de la Bastille, autour de la colonne de Juillet. Maintenant, il couche rue de la Roquette, dans un garni borgne, où il a, pour dix francs par mois, un trou sous les toits, juste la place d'un lit et d'une chaise ; et encore, pour monter sur le lit, est-il obligé de se plier en deux, s'il ne veut pas se cogner la tête au plafond. D'ailleurs, il en plaisante lui-même. Il ne reçoit pas dans ses appartements ; il rentre se coucher à dix heures, et dès cinq heures du matin, hiver et été, il secoue ses puces. Il dit seulement que ça le vexe, quand il fait une connaissance, parce qu'il n'ose pas amener les dames chez lui. C'est si petit que, si on couchait à deux, il y en aurait pour sûr un qui laisserait ses jambes dans l'escalier.

Un bon diable, ce Valentin ! Il travaille dur, parce qu'il est jeune encore et qu'il croit au travail. Avec ça, pas soûlard, pas joueur, un peu juponnier, peut-être. Les femmes, c'est son grand défaut. Quand, le matin, il pousse sa varlope d'un bras de papier mâché, les camarades le blaguent, lui crient qu'il a vu Mlle Lise. Ça vient de ce qu'une ancienne à Valentin s'appelait Lise, et que, les jours où la paresse l'empoignait, il avait coutume de dire : « Cré nom ! ça ne va pas, j'ai vu Lise hier soir ! » Dans les bastringues du faubourg, on l'appelle le beau menuisier. Il a une grosse tête joyeuse, avec des cheveux crépus ; et, lorsqu'il danse, il lui arrive de retrousser les manches de sa blouse, pour être plus à l'aise, dit-il, mais en réalité pour montrer ses bras forts, qui sont blancs comme ceux d'une femme. Il a eu les plus belles filles, la grande Nana, la petite Augustine, et la grosse Adèle qui n'a qu'un œil, et jusqu'à la Bordelaise, une brocheuse pour laquelle deux militaires se sont tués. Chaque soir, il fait le tour des bals, un regard ici, un regard là, uniquement pour voir s'il n'y a pas, dans les coins, des demoiselles qu'il ne connaît pas.

Un soir, comme il entre au *Jardin de Flore*, un bastringue de la rue de Charonne, voilà qu'il aperçoit Clémence, une fleuriste de seize ans, dont les beaux cheveux blonds lui semblent un soleil allumé dans la salle. Du coup, il est toqué. Pendant toute la soirée, il fait l'aimable, il danse avec la petite, paie un saladier de vin à la française. Puis, vers onze heures, quand

Clémence rentre chez elle, il l'accompagne et, naturellement, il veut monter. Mais elle refuse d'une voix
nette. Elle passe volontiers une soirée au bal ; seulement, ça ne va pas plus loin. Et elle lui referme la
porte au nez. Lui, le lendemain, prend des informa-
tions. Clémence a déjà eu un amant, qui l'a plantée là
en lui laissant deux termes de loyer sur le dos. Alors,
elle a juré de se venger sur le premier homme qui
ferait la bêtise de l'aimer.

Cependant, les jours suivants, Valentin l'attend sur
le trottoir, se risque à monter lui dire bonjour, la pour-
suit partout.

« Eh bien ! est-ce pour ce soir ? » lui crie-t-il en riant.

Mais elle répond d'une voix gaie :

« Non, non, c'est pour demain ! »

Tous les dimanches, il la rencontre au *Jardin de
Flore.* Elle est là, assise contre l'orchestre des musi-
ciens. Elle accepte très bien le vin à la française, elle
danse avec lui, mais, dès qu'il veut l'embrasser, elle
lui allonge une tape ; et, s'il lui parle de se mettre
ensemble, elle lui dit d'un air très raisonnable qu'il a
tort de s'entêter, qu'elle ne veut pas parce que cela ne
lui plaît pas. Pendant six semaines, ils plaisantent
ainsi, sans cesser de rire.

À la fin du deuxième mois, Valentin devient
sombre. Il ne peut plus dormir la nuit, dans son trou,
sous les toits. Il y étouffe. Quand il est couché, les yeux

grands ouverts, il aperçoit dans le noir la face blonde de Clémence, dont les cheveux luisent, avec leur rayonnement de soleil. Alors, la fièvre le prend, il reste jusqu'au jour à se retourner, comme sur des charbons ; et le lendemain, à l'atelier, il ne fait rien, les yeux perdus, les outils tombés des mains. Les camarades lui crient : « Tu as donc vu Mlle Lise ? » Hélas ! non, il n'a pas vu Mlle Lise. Trois fois, il est allé chez Clémence, il s'est mis à genoux, en la suppliant de bien vouloir de lui. Mais elle a dit non, toujours non ; si bien qu'il a pleuré comme une bête, dans la rue. Il rêve d'aller coucher devant sa porte, sur le palier, parce qu'il lui semble qu'il serait mieux là, à entendre son léger souffle, par les fentes. Le désir de cette petite fille à laquelle il tordrait le cou entre deux doigts, comme à un poulet, lui ôte de la bouche le boire et le manger.

Enfin, un soir, il monte chez Clémence et lui offre brusquement de l'épouser. Elle reste saisie, mais elle accepte bien vite. Elle-même l'aime de tout son cœur ; seulement, elle avait trop pleuré, quand le premier l'avait quittée. Du moment qu'il s'agit de se mettre ensemble pour toujours, elle veut bien.

Le lendemain, ils se rendent à la mairie pour savoir. La longueur des formalités les consterne. Clémence ne sait où trouver l'acte de décès de son père. Valentin court de bureau en bureau avant d'obtenir la pièce constatant sa libération du service. Ils se voient tous

les jours, maintenant, ils vont se promener sur les fortifications et manger de la galette dans les fêtes de la
banlieue. Le soir, quand ils reviennent par les longues
rues des faubourgs, ils ne disent rien, ils se pressent
doucement le bras. Leur cœur est gros d'une joie dont
ils ne savent comment parler. Clémence, une fois, a
chanté à Valentin une romance, où il était question
d'une dame à un balcon et d'un prince qui lui baisait
les cheveux ; et Valentin a trouvé ça si bien qu'il avait
les yeux mouillés de larmes.

Les formalités sont remplies, le mariage est fixé à un
samedi. On se mariera tout tranquillement. Valentin
est allé voir à l'église, mais comme le prêtre lui demandait six francs, il lui a répondu qu'il n'avait pas besoin
de sa messe, et Clémence s'est écriée que le mariage à
la mairie était le seul bon. D'abord, ils parlaient de ne
pas faire de noce du tout ; puis, pour ne pas paraître se
cacher, ils ont organisé un pique-nique à cent sous par
tête, chez un marchand de vins de la barrière du Trône.
On sera dix-huit à table. Clémence doit amener trois
de ses amies qui sont mariées. Valentin a recruté toute
une bande de menuisiers et d'ébénistes, avec des
dames. Le rendez-vous, chez le marchand de vins, est
pour deux heures, parce qu'on a le projet d'aller faire
un tour de promenade avant le dîner.

À la mairie, Valentin et Clémence se présentent
accompagnés seulement de leurs témoins. Valentin a

fait dégraisser sa redingote. Clémence, depuis trois jours, passe les nuits pour s'arranger une vieille robe bleue qu'une de ses amies, plus grande qu'elle, lui a vendue dix francs. Elle a un bonnet garni de fleurs rouges. Et elle est si jolie, avec sa mine blanche de petite fille, sous les mèches folles de ses cheveux blonds, que le maire lui sourit paternellement. Quand son tour arrive de dire « oui », elle sent Valentin qui lui donne un coup de coude, elle éclate de rire. Tout le monde rit dans la salle, jusqu'aux garçons de bureau. Il passe comme un souffle de jeunesse, au travers des feuilles jaunies du Code. Puis, quand il s'agit de signer sur le registre, les témoins s'appliquent. Valentin trace une croix, parce qu'il ne sait pas écrire. Clémence fait un gros pâté. À la quête pour les pauvres, tous mettent deux sous. Seule, la mariée, après avoir longuement fouillé ses poches, finit par donner dix sous.

À deux heures, la société se trouve réunie chez le marchand de vin de la place du Trône. On part de là, on va sur les fortifications, on marche devant soi ; puis les hommes organisent une partie de colin-maillard, dans le fossé. Lorsqu'un des menuisiers attrape une dame, il la garde un instant dans ses bras, il lui pince les hanches ; et la dame jette de petits cris, dit que c'est défendu, qu'on ne doit pas pincer. Toute la société rit aux éclats ; trouble ce coin désert d'un tel vacarme que les moineaux effarés s'envolent des arbres, le long du chemin de ronde. Au retour, il y a trois enfants que leurs pères sont obligés de mettre à califourchon sur le cou, parce qu'ils ne peuvent plus marcher.

Ça n'empêche personne de donner un furieux coup de fourchette, le soir, au dîner. Chacun veut manger pour ses cent sous. On paie, n'est-ce pas ? On peut bien vider les plats. Aussi faut-il voir avec quel soin les os sont nettoyés. On ne laisse rien remporter à la cuisine. Valentin, que les camarades veulent griser, par farce, surveille son verre ; mais Clémence qui ne boit pas de vin pur d'habitude, est très rouge et parle comme une pie, avec des cris d'oiseau. Au dessert, les chansons commencent. Chacun dit la sienne. Pendant trois heures, c'est un roucoulement de couplets interminables. L'un chante la romance, une histoire où il est question de Venise et des gondoles ; l'autre a la spécialité des chansonnettes comiques et raconte les méfaits du vin à quat'sous, en faisant l'homme ivre au refrain ; un troisième entame une gaudriole, quelque chose de salé, que les dames, en riant très fort, accompagnent avec les manches des couteaux sur les verres. Pourtant, lorsqu'il s'agit de payer, on se fâche. Le marchand de vin réclame des suppléments. Comment ! des suppléments ? On est convenu de cent sous, c'est cent sous, pas davantage ! Et comme le marchand de vin menace d'appeler les sergents de ville, ça tourne mal, on échange des coups de poing, une partie de la noce va finir la nuit au poste. Heureusement, les mariés ont eu la sagesse de gagner la porte, dès le commencement de la querelle.

Il est quatre heures du matin, lorsque Valentin et Clémence rentrent dans la chambre de celle-ci, qu'ils sont décidés à garder jusqu'au terme prochain. Ils ont descendu tout le faubourg Saint-Antoine à pied, par un petit vent froid qu'ils ne sentaient pas, tant ils marchaient vite. Et, dès que la porte est refermée, Valentin prend Clémence entre ses bras, lui couvre la figure de baisers, avec une brutalité de passion qui la fait rire. Elle se pend à son cou, elle l'embrasse aussi de toutes ses forces, pour lui prouver qu'elle l'aime. Le lit n'est pas seulement fait, elle s'est tant pressée le matin qu'elle a simplement étalé la couverture. Et il l'aide à retourner le matelas. Puis, le jour se lève, quand ils se couchent. Le serin de Clémence, dont la cage est accrochée près de la fenêtre, a un gazouillis très doux. Dans la chambre pauvre, sous les rideaux fanés du lit, l'amour met comme un battement d'ailes.

Tout compte fait, Valentin et Clémence sont entrés en ménage avec vingt-trois sous. Le lundi, ils retournent tranquillement à l'ouvrage, chacun de son côté. Et les jours s'écoulent, et la vie passe. À trente ans, Clémence est laide, ses cheveux blonds sont devenus d'un jaune sale, les trois enfants qu'elle a nourris l'ont déformée, Valentin est tombé dans le vin, l'haleine

forte, ses beaux bras durcis et maigris par le rabot.
Les jours de paie, quand le menuisier rentre soûl, les
poches vides, le ménage s'allonge des claques, pendant
que les mioches hurlent. Peu à peu, la femme s'habi-
tue à aller chercher son homme chez le marchand de
vin ; et elle finit par s'attabler, elle prend sa part des
litres, au milieu de la fumée des pipes. Mais elle aime
son homme tout de même, elle l'excuse, quand il lui
envoie quelque gifle. D'ailleurs, elle reste honnête
femme ; on ne peut pas l'accuser de coucher avec le
premier venu, comme certaines créatures. Et, dans
cette vie de querelles et de misère, dans la saleté du
logis souvent sans feu et sans pain, dans la lente
dégradation du ménage, il y a, jusqu'à la mort, sous
les rideaux en guenilles du lit, des nuits où l'amour
met la caresse de son battement d'ailes.

Un fanatique du réel

En publiant *Le Docteur Pascal* en 1893, Émile Zola achève son « Histoire naturelle et sociale d'une famille sous le Second Empire », la fresque des Rougon-Macquart mise en chantier vingt-cinq années plus tôt. Dans le héros éponyme de ce dernier roman, Zola s'est forgé un véritable double littéraire. Médecin des pauvres se livrant à des recherches sur le système nerveux, le docteur Pascal reconstitue l'arbre généalogique de sa famille – les Rougon-Macquart – et applique à chacun de ses membres des lois biologiques et psychologiques qui lui permettent d'expliquer et de prévoir leur destin personnel. Ces lois, fondées sur une conception de l'hérédité déjà caduque à l'époque, ne sont bien sûr que la traduction fantasmatique des présupposés scientistes de Zola lui-même. On sait qu'en véritable fanatique du réel, Zola ne bornait pas son ambition d'écrivain à celle d'un Balzac aspirant seulement au statut de « secrétaire de la société » : « Je compte sur tous les points me retrancher derrière Claude Bernard, écrivait-il en 1880 dans *Le Roman expérimental*, le

plus souvent il me suffira de remplacer le mot médecin par le mot romancier. » L'apparente humilité du
propos ne doit pas faire illusion, Zola voulait hisser la
littérature au rang des sciences expérimentales, faire
œuvre scientifique et placer tout son art dans la seule
force de conviction de ses démonstrations. Poussé
jusqu'à ses dernières conséquences, un tel projet se
situe déjà au-delà du romanesque, aux limites mêmes
de la littérature.

Il n'est donc pas surprenant qu'en cette même année
1893 qui voit l'achèvement de son grand œuvre, Zola
publie sous le titre *Comment on se marie* une sorte de
travail de laboratoire conçu selon ces principes. Zola
procède en tant qu'écrivain comme le docteur Pascal
en tant que physiologiste : à partir de conditions
sociales et génétiques déterminées, il s'agit « de faire
mouvoir les personnages dans une histoire particulière
pour y montrer que la succession des faits y sera telle
que l'exige le déterminisme des phénomènes mis à
l'étude ». Ici, le phénomène choisi sera le mariage. Pro-
cédant à une coupe histologique du tissu social, Zola
détermine quatre milieux représentatifs de l'époque :
l'aristocratie en voie d'intégration à la bourgeoisie et
bien enracinée dans le siècle ; la haute bourgeoisie
d'affaires qui a prospéré et triomphé au Second
Empire ; la petite bourgeoisie des boutiquiers, en phase
d'expansion laborieuse ; les couches populaires enfin

qui ne possèdent que leur force de travail et n'ont aucune perspective d'ascension sociale. À chacun de ces milieux correspond une attitude spécifique devant le lien conjugal : l'aristocrate conçoit le mariage comme une obligation mondaine ; un mariage réussi, c'est-à-dire l'alliance de deux grandes familles, confère un surcroît de prestige plutôt qu'un supplément de rentes et permet de tenir son rang dans le monde. Pour le grand bourgeois au contraire, le contrat est l'essence même du mariage, son but comme sa justification, et le train de vie qu'autorise l'alliance avec une riche héritière est avant tout un investissement propice à accroître le volume des affaires. Chez les boutiquiers, se marier revient plutôt à associer deux efforts d'épargne dans une vie réduite à un bilan comptable. Quant au prolétaire, sa misère consubstantielle le délivre de l'obsession de s'enrichir, et le laisse donc disponible aux sentiments et même à la passion, le mariage ne représentant, pour la femme surtout, que l'illusion de la sécurité. Dans les trois premiers milieux étudiés, l'amour n'intervient à aucun moment dans le choix matrimonial ; on le trouve ailleurs, chez les courtisanes ou les maîtresses pour le mari, ou dans les amants que l'on prend lorsqu'on est une femme d'esprit ; il arrive aussi qu'on ne le rencontre jamais, lorsque la passion de l'argent absorbe toutes les énergies du couple. En milieu populaire, en revanche, la passion est première et comme le mariage n'est pas lié à un enjeu d'argent il peut paradoxalement survivre à la boisson, aux coups, à la misère, même s'il est voué à une inexorable dégradation.

L'expérimentateur Zola nous présente ainsi quatre cas d'école, pris dans des milieux socialement étanches pour éviter toute contamination qui perturberait les conditions de l'expérience. Il est vrai qu'on se marie le plus souvent dans sa classe, et que les mésalliances sont l'exception, mais ce sont justement de telles exceptions, indices de personnalités fortes, qui intéressent les romanciers. Zola, lui, s'attache ici à l'étude du général, du banal même, et c'est pour cette raison qu'il écarte de son champ d'investigation des couches moins socialement définies, comme les intellectuels, les déclassés, les dandys, ou encore les classes dangereuses si peu séparables pourtant de ces prolétaires qu'il croit bien connaître et sur lesquels sa vision est la moins objective. Car sa méthode positiviste d'analyse de la société, qui donne la primeur au biologique, le rend incapable d'appréhender l'historicité des conflits sociaux. Incapacité qui lui fait adopter une double attitude d'idéalisation et de dégoût compatissant, débouchant sur une incompréhension historique essentielle comme celle qui éclate dans les pages indignes de *La Débâcle*, où il applaudit les massacreurs de la Commune, se montrant sur ce point infiniment plus réactionnaire que, par exemple, le « bourgeois » Flaubert. À l'inverse, sa compassion pour le populaire s'exprimera, en conclusion de l'histoire de Clémence et de Valentin, dans l'image impuissante et usée du « battement d'ailes de l'amour », concession dérisoire à un romantisme suranné. Combien plus efficace est le portrait des boutiquiers, dont il décrit avec autant de finesse que de férocité l'aliénation particulière : la désexualisation de la femme – « il ne reste qu'un commis actif et rusé, sans sexe, incapable d'une chute, ayant l'idée fixe de se retirer avec cinq ou six mille francs de rente pour aller les manger, à Suresnes, dans une villa bâtie en forme de chalet suisse » – et la réduction de la vie du couple à un univers d'objets réglé par l'écoulement mécanique du temps : « Lui s'occupe seulement des travaux d'horlogerie, de la réparation des montres et des pendules ; et il semble que la maison elle-même est une grande horloge, dont ils ont réglé à eux deux le balancier pour toujours. »

Ces quatre études écrites sous la forme d'un rapport ne peuvent guère être qualifiées de nouvelles. Zola consomme ici sa rupture avec une certaine forme d'écriture artiste propre à l'esthétique naturaliste – telle celle qui triomphe chez Huysmans – et qu'il avait pratiquée aux débuts de sa carrière comme dans la célèbre « symphonie des fromages » du *Ventre de Paris*. Il ne reste du naturalisme que l'exactitude pointilliste de l'observation. Les signes formels de la littérature se sont effacés au profit du style neutre et dépouillé d'un compte rendu d'expériences scientifiques : présent de l'indicatif, usage du mot propre, absence presque totale de la métaphore, simplicité de la syntaxe. Ce dépouillement visant à la précision et à l'efficacité du message produit un curieux effet de grossissement comme si les tranches de vie rapportées étaient des préparations anatomiques étudiées à la loupe. Les personnages, complètement désindividualisés, ne sont plus que des caricatures destinées à valider une thèse. L'objectivité même du propos lui donne une qualité d'humour d'autant plus corrosive que les valeurs matrimoniales ont subi, depuis un siècle, un heureux déclin qui, malgré les effets de mode, semble bien irréversible.

Mais comme l'aliénation économique n'en continue pas moins d'exercer ses ravages, le pseudo-hédonisme du cadre moderne, « manageant » sa vie sexuelle dans les interstices que lui concède sa condition d'esclave salarié, n'est guère plus enviable que l'existence racornie du couple d'horlogers.

JOËL GAYRAUD

Vie d'Émile Zola

2 avril 1840. Naissance d'Émile Zola, à Paris.

1843. Les Zola s'installent à Aix-en-Provence.

1847. Mort de M. Zola et ruine de la famille.

1852. Pensionnaire au collège Bourbon, Émile a pour condisciples Cézanne et Baptistin Baille, auxquels va le lier une longue amitié.

1858. Zola part pour Paris avec sa mère.

1859. Élève au lycée Saint-Louis, il échoue au baccalauréat et abandonne ses études.

1862. Zola entre comme commis chez l'éditeur Louis Hachette.

1864. Nommé chef de la publicité chez Hachette, Zola écrit des contes et collabore, entre autres, au *Figaro* et au *Grand Journal*.

1865. Publication de *La Confession de Claude*.

1866. Zola quitte Hachette et devient courriériste littéraire à *L'Événement*. Il se fait le défenseur de Manet.

1867. Zola collabore à divers journaux et revues et voit fréquemment ses amis peintres. Publication de *Thérèse Raquin*, chez Lacroix.

1868. Premiers projets, pour Lacroix, de l'*Histoire d'une famille*, les futurs *Rougon-Macquart* (dix volumes prévus).

1869. Il écrit *La Fortune des Rougon*, premier titre des *Rougon-Macquart*, et prépare *La Curée*.

1870. Mariage avec Alexandrine Méley. Zola gagne Bordeaux, où il travaille à la délégation du Gouvernement de la Défense nationale.

1871. Retour à Paris. Zola fait publier deux romans chez Lacroix, *La Fortune des Rougon* et *La Curée*.

1872. Georges Charpentier devient son éditeur.

1873. Début de son amitié avec Flaubert, Tourgueniev, Mallarmé, Maupassant. *Thérèse Raquin* est jouée au théâtre de la Renaissance, à Paris. Parution du *Ventre de Paris* chez Charpentier.

1874. Il assiste à la première exposition des peintres « impressionnistes » chez Nadar.

1875-1876. Articles sur la peinture pour *Le Messager de l'Europe* de Saint-Pétersbourg. Parution de *La Faute de l'abbé Mouret* et de *Son Excellence Eugène Rougon*.

1877. Après le succès de *L'Assommoir*, Zola devient le chef de file des « naturalistes ».

1878-1879. Parution d'*Une page d'amour*. *L'Assommoir* est joué au théâtre de l'Ambigu. Campagne pour le « naturalisme » et publication de *La République et la littérature*. Achat de la maison de Médan.

1880-1881. Parution de *Nana*, qui provoque un scandale. Zola s'en prend à la critique académique dans une série d'articles. La mort de Flaubert l'affecte beaucoup.

1882-1883. Parution des *Soirées de Médan*, avec Huysmans, Maupassant…, de *Pot-Bouille*, du *Capitaine Burle* et de *Au bonheur des dames*.

1884. Pour la préparation de *Germinal*, Zola visite les mines d'Anzin, dans le Nord. Parution de *Naïs Micoulin* et de *La Joie de vivre*.

1885. Énorme succès de *Germinal*.

1886-1887. Zola fait un voyage en Beauce avant d'écrire *La Terre*, qui va susciter des controverses. La parution de *L'Œuvre*, où Cézanne se reconnaît dans le héros, met fin à l'amitié des deux hommes.

1888. Jeanne Rozerot, la servante de Zola, devient sa maîtresse. Elle lui donnera deux enfants.

1889. Les Zola emménagent rue de Bruxelles, à Paris.

1890. Candidature à l'Académie française, où il ne sera jamais reçu. Parution de *La Bête humaine*.

1891-1892. Zola est président de la Société des gens de lettres. *Le Rêve* est joué à l'Opéra-Comique. Alfred Bruneau, qui en a écrit la musique, restera l'ami de Zola. Parution de *L'Argent* et de *La Débâcle*.

1893. Mort de Maupassant. *L'Attaque du moulin*, drame lyrique, est jouée à Paris, Bruxelles et Hambourg. Parution du *Docteur Pascal*, dernier volume des *Rougon-Macquart*.

1894. Zola entreprend un nouveau cycle, *Les Trois Villes*, où il évoque des lieux visités en 1892. Parution de *Lourdes*.

1895-1896. Parution de *Messidor* et de *Rome*.

1898. Convaincu de l'innocence de Dreyfus, Zola fait paraître, dans *L'Aurore*, *J'accuse*, lettre au président Félix Faure. Condamné à la prison, il s'exile à Londres. Parution de *Paris*.

1899. De retour à Paris après la libération de Dreyfus, il publie *Fécondité*, premier roman du cycle des *Quatre Évangiles*, commencé en Angleterre.

1900. Reportage photographique à l'occasion de l'Exposition universelle de Paris.

1901. Mort de son ami Paul Alexis. Publication de *La Vérité en marche*, recueil de ses articles sur l'affaire Dreyfus.

1902. Zola meurt asphyxié dans son appartement parisien le 29 septembre. Le 5 octobre, pendant l'enterrement au cimetière Montmartre, des mineurs crient : « Germinal ! Germinal ! »

1903. Publication posthume de *Vérité*.

1908. Les cendres de Zola sont transférées au Panthéon.

Repères bibliographiques

Ouvrages d'Émile Zola

◆ *L'Assommoir*, Le Seuil, L'École des Lettres, 1993.

◆ *La Bête humaine*, Actes Sud, collection Babel, 1992.

◆ *La Débâcle*, Gallimard, Folio, 1995.

◆ *Écrits sur l'art*, Gallimard, 1991.

◆ *Germinal*, Seuil, L'École des Lettres, 1993.

◆ *J'accuse*, Mille et une nuits, 1994.

◆ *Nana*, Le Seuil, L'École des Lettres, 1994.

◆ *L'Œuvre*, Presses-Pocket, 1992.

◆ *La Terre*, Le Livre de poche, 1994.

◆ *Le Ventre de Paris*, Presses-Pocket, 1991

◆ *Les Rougon-Macquart*, 6 vol., Laffont, coll. Bouquins, 1991.

Études sur Émile Zola

◆ *Dictionnaire d'Émile Zola*, Laffont, coll. Bouquins, 1993.

◆ BECKER (Colette), *Zola en toutes lettres*, Bordas, 1990.

◆ BERNARD (Marc), *Zola par lui-même*, Le Seuil, coll. Microcosme, 1988.

◆ MITTERAND (Henri), *Émile Zola : carnets d'enquêtes. Une ethnographie inédite de la France*, Plon, 1987 ; *Zola et le naturalisme*, PUF, coll. Que sais-je ?

◆ TROYAT (Henry), *Zola*, Le Livre de poche, 1994.

◆ ZOLA (François-Émile) et MASSIN, *Zola photographe*, Hœbecke, 1990.

Mille et une nuits propose des chefs-d'œuvre pour le temps
d'une attente, d'un voyage, d'une insomnie…

Derniers titres parus chez le même éditeur

Pour chaque titre, le texte intégral, une postface,
la vie de l'auteur et une bibliographie.

Achevé d'imprimer en février 1997,
sur papier recyclé Ricarta-Pigna par G. Canale & C. SpA (Turin, Italie)